LA
BATAILLE D'ENTZHEIM

LA
BATAILLE D'ENTZHEIM

(4 OCTOBRE 1674)

COLMAR

LIBRAIRIE DE EUG. BARTH.

1869

BATAILLE D'ENTZHEIM

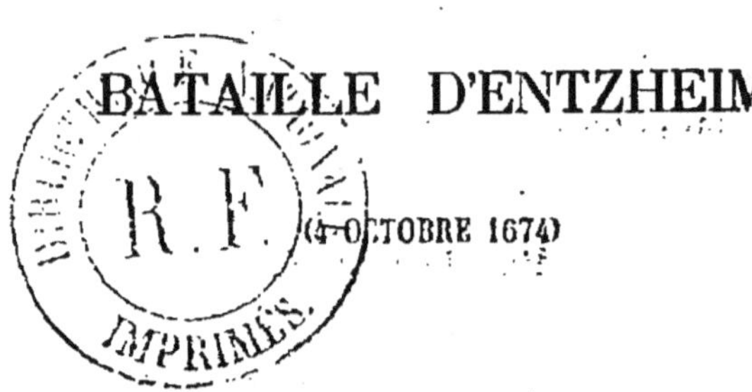

(4 OCTOBRE 1674)

L'armée de Turenne, couverte encore par des lauriers de Sinzheim, venait d'appesantir sur le Palatinat le dur châtiment de cette dévastation qui est demeurée fameuse dans l'histoire. Le 28 juillet elle repassa le Rhin à Philipsbourg, campa d'abord à Lachem, et ensuite aux environs de Landau et de Wissembourg, où elle resta plus d'un mois, inactive et dévorée par les maladies.

Les impériaux, qui avaient leurs cantonnements entre Mayence et Francfort, passèrent le Rhin le 1er septembre et vinrent se porter entre Spire et Philipsbourg. Bournonville les commandait, ayant pour lieutenants le prince Hermann de Bade, général de l'artillerie, et le comte Caprara; le duc de Lorraine et l'électeur Palatin commandaient directement leurs troupes; le duc d'Holstein-Plœn conduisait celles de Lunebourg.

A la nouvelle de ce mouvement qui révélait presque un plan de campagne offensif, Louvois blâma Turenne d'avoir été irriter l'ennemi dans son pays et lui enjoignit de se retirer avec son armée en Lorraine afin de couvrir cette province. Mais le maréchal s'adressa directement au roi et lui remontra éloquemment les dangers de cette retraite. " Si je m'en allois " de moi-même, comme V. M. me l'ordonne, " disait-il, je ferois ce qu'ils auront de la peine " à me faire faire; je suis persuadé qu'il vau- " droit mieux pour le service de V. M. que je " perdisse une bataille que d'abandonner l'Al- " sace et de repasser les montagnes " (1). La retraite de Turenne eût en effet rendu les impériaux maîtres de tout le pays depuis Mayence jusqu'à Bâle, et leur eût permis de porter la guerre en Franche-Comté, et de là en Lorraine et en Champagne. Le roi se confia au génie de Turenne.

(1) Ramsay. Hist. du Vte de Turenne. II. 262.

Philipsbourg fut mis en état de défense et confié à la garde du comte de Maulévrier; du Fay commandait la garnison, et Villedieu les troupes du dehors.

Les impériaux construisaient un pont sur le Rhin, à Lauffen. Après de longues délibérations, le plan de campagne de l'électeur Palatin avait prévalu. L'armée confédérée devait franchir le Rhin, remonter par la rive droite jusqu'en face de Strasbourg, et passer en Alsace, soit pour combattre l'armée française si Turenne présentait ou acceptait la bataille, soit pour y prendre des quartiers d'hiver, si le maréchal se bornait à rester sur la défensive. Mais on ignorait tout au camp de Turenne. Le maréchal fit donc observer les travaux par 1200 chevaux et 500 dragons, sous les ordres de Montclar. En même temps il détacha Churchill avec un fort bataillon d'infanterie pour surveiller le défilé de Rheinzabern. Si l'ennemi franchissait le Rhin, Maulévrier avait ordre de tirer six coups de canon, et à ce signal Montclar et Churchill devaient tomber sur son arrière-garde. Dans le cas où Bournonville marcherait sur les Français, Turenne devait en être averti par quatre coups de canon. Mais Maulévrier ne put connaître le moment du passage des impériaux; leur camp était couvert par deux rivières à la droite, par des marais et des bois à la gauche, les derrières étaient masqués par le Rhin, et des défilés défendaient la tête ; dans cette excellente position, ils dérobèrent à Maulévrier le secret de leurs mouvements et repassèrent le Rhin le 24 septembre. Cependant les six coups de canon furent tirés, mais quand Montclar arriva au camp, il était tout en feu.

Turenne devina aussitôt le plan de Bournonville ; Maulévrier fut envoyé sur la route de Dourlach avec ordre de se saisir du pont et du château de Graben, afin de couper à l'ennemi le chemin de Strasbourg ; mais Caprara occupait déjà Graben avec 5000 chevaux, et avait mission de s'assurer du pont de Strasbourg. Maulévrier rétrograda sur Philipsbourg.

« Le vicomte avoit prévu que l'intention » de l'armée impériale était de passer le Rhin » à Strasbourg ; mais il crut que cette ville, » qui avoit tant de raisons de garder la neu- » tralité, et qui ne pouvoit donner passage » aux ennemis sans s'exposer aux ressen- » timents du roi, n'accorderait point aux » confédérés le passage qu'elle n'avoit jamais » donné à aucun parti durant les grandes » guerres d'Allemagne et qu'elle avoit encore » refusé aux impériaux le printemps dernier.

« Les généraux confédérés avaient néan- » moins fait diverses tentatives pour obtenir

» le passage ; le comte de Hohenlohe qui
» s'étoit chargé de la négociation, n'ayant pu
» persuader les magistrats, avait répandu de
» l'argent pour gagner le peuple , et emploié
» tous ses moyens pour rallumer l'ancienne
» haine des bourgeois contre la France ; il leur
» avait représenté que depuis les conquêtes du
» roi, l'Alsace étoit dans l'oppression, ses villes
» démantelées et dépouillées de leurs privi-
» lèges ; que Strasbourg devait s'attendre à
» un pareil traitement, si Louis XIV en deve-
» nait le maître ; que les plus grands princes
» de l'empire étoient prêts à passer le Rhin,
» avec une armée de 60,000 hommes pour dé-
» fendre leur liberté ; qu'une poignée de Fran-
» çais cachés dans la Basse-Alsace ne pourroit
» jamais résister à tant de forces réunies ; que
» la victoire étoit certaine et qu'elle seroit
» suivie du recouvrement de la Franche-Comté
» et de la Lorraine. Ces discours avoient pro-
» duit leur effet. « (1).

Turenne instruit des intrigues du comte de
Hohenlohe, dépêcha à Strasbourg l'intendant
général Machault, qui réclamait la neutralité
du pont du Rhin, annonçant que dans le cas
contraire le maréchal en disputerait le passage. Les magistrats usèrent de subterfuges

(1) Ramsay. II. 266. 67.

et répondirent que les Français n'avaient
rien à craindre; le pont étant trop endommagé
pour servir au passage d'une armée, et qu'au
surplus on enverrait des commissaires au
camp impérial (1), pour engager les généraux
à respecter la neutralité de la ville. Enfin,
pressé par Marchault de prendre ouvertement
un parti qui pùt rassurer Turenne, le gou-
vernement de Strasbourg rappela la loyauté
traditionnelle avec laquelle la république avait
toujours tenu ses engagements et protesta
de son désir de garder une stricte neutralité;
mais laissant dès-lors déjà entrevoir l'effet
des manœuvres de Hohenlohe, il déclara que
l'autorité ne violerait point ses promesses,
mais qu'elle ne pouvait répondre du peuple. Le
sens de ces déclarations était clair. Aussitôt
Turenne envoya Vaubrun avec deux bataillons,
600 chevaux, 500 dragons et quelques pièces
de canon, pour s'emparer du fort qui défendait le pont du Rhin.

Arrivé dans les environs de Strasbourg,
Vaubrun chargea le baron d'Asfeld de ré-
clamer de nouveau auprès du magistrat le
maintien de la neutralité. Asfeld exigea que
les troupes de la république abandonnassent

(1) Descriptio particulæ territorii Argentinensis.
Strasb. 1675, p. 51.

la redoute de Kehl et qu'on rompît les ponts
sur la Kintzig et le Rhin. Cette demande fut
repoussée, et Asfeld se retira en prévenant
les Strasbourgeois que Vaubrun allait agir.
La ville alarmée envoya un député à Turenne ;
Vaubrun de son côté l'informa qu'il était
résolu à attaquer le fort du péage (*Zollschantz*).
Turenne reçut la lettre entre Wissembourg et
Haguenau, et répondit qu'il viendrait lui-
même conférer sur ces graves difficultés avec
les magistrats de la république de Strasbourg (1). Turenne avait laissé le gros de
l'armée au camp de Winden, dans les environs de Bergzabern, n'emmenant avec lui que
deux bataillons, pour appuyer l'entreprise
de Vaubrun. De Lorges et Foucault qui commandaient à Winden, avaient ordre de suivre
Turenne le lendemain (2).

Le 24 septembre Vaubrun entre dans la
Robertsau. Il réitère à la ville l'assurance
qu'elle n'a rien à redouter pour sa liberté, et
qu'il n'a d'autre dessein que d'empêcher les
ennemis de forcer le passage du pont. Il n'est
point écouté. Quelques milices et des paysans
veulent s'opposer à la marche de Vaubrun ;
ils sont mis en fuite et se jettent avec précipita-

(1) Descriptio part. territ. Argent. p. 52.
(2) Ramsay. II. 267.

tion dans la ville (1), répandant sur leur passage le désordre et la terreur. L'écarlate saisissante du drapeau d'alarme (*Bluthfahn*) ondule sur la flèche de Munster (2). La bourgeoisie court aux armes; l'arsenal s'ouvre aux cris du peuple inquiet et presque révolté; l'artillerie est traînée sur les remparts; un épouvantable tumulte remplit la ville; c'est à la fois la lugubre anxiété qui accompagne un siége et la fièvre ardente d'une sédition. C'est Hohenlohe qui agite les esprits ; ses agents sèment l'or parmi le peuple; leurs mensonges troublent et effrayent toutes les âmes; l'horreur du nom français est au fond de tous les cœurs; la cité entière, armée et debout, s'est laissée fatalement charmer par la puissance que l'art de Hohenlohe a dérobée à la sainte irritation des passions nationales.

Cependant Vaubrun à fait reconnaître les abords du fort de péage. Ses troupes sont à portée du mousquet; la tranchée est ouverte sous le canon de la ville, les fascines sont faites, tout semble préparé pour l'assaut. Hohenlohe, qui veut absolument compromettre la ville et l'entraîner, par un coup d'éclat, dans les intérêts de l'empire, insiste pour que

(1) Laguille, Hist. d'Alsace. III. 2me part. 289.
(2) Trausch. Chron. mss. f° 659. tom. 5.

lé canon de Strasbourg ouvre le feu contre
les Français; la ville redoutant que ce ne soit
le signal des dernières extrémités, ordonna
à son artillerie de rester muette ; mais le fort
est livré; le comte de Mercy y entre avec
300 dragons de l'avant-garde de Caprara. Turenne arrive le lendemain (25) au camp de
Vaubrun ; il reconnaît que son lieutenant a
été joué par les magistrats de Strasbourg;
néanmoins les travaux continuent; la ville est
toujours inoffensive, les remparts silencieux,
non par ménagement pour les Français, mais
parce que l'armée impériale est encore
éloignée (1), et pour d'autres motifs demeurés
secrets (2). Le même jour 500 chevaux ennemis passent encore le Rhin. Par ces secours,
Strasbourg se fortifiait, pour le cas d'une
agression de la part des Français (3).

Enfin quand toute l'armée impériale fut
sur le Rhin, Strasbourg jeta le masque ; les
canons de la ville dirigèrent leur feu sur les
travailleurs de Vaubrun, et Caprara, à la tête
de 4000 hommes, s'empara du pont. Les
Français rentrèrent dans la Robertsau pour

(1) Descriptio part. territ. Argent. p. 53.
(2) Theils aus anderen wichtigen Ursachen die ich
in vertrauen erfahren. Idem.
(3) Idem. 52. 53.

se replier derrière l'Ill (1). Dès le matin, 600 volontaires tirés de la bourgeoisie s'étaient postés à Kehl, pour favoriser le passage de l'armée de Bournonville (2). Pendant sa retraite sur l'Ill, Turenne reçut les députés de Strasbourg qui lui déclarèrent qu'ils ne pouvaient plus observer la neutralité à l'égard de la France, l'armée du roi étant entrée sur les terres de la république. En même temps le magistrat signifia au résident français, Frischmann, l'ordre de quitter la ville, et accorda aux troupes coalisées le libre passage du pont du Rhin (3). Après cette déclaration, Turenne fit repasser l'Ill à ses troupes, longea cette rivière jusqu'à la rencontre de la Suffel, qu'il passa également, et fit demeurer son petit corps en bataille de l'autre côté pendant toute la nuit. Le matin (27) il reconnut le terrain et les avenues, marqua le camp pour son armée, sa gauche appuyée à l'Ill, sa droite à un grand marais, la Suffel en tête et le village de Wantzenau derrière lui. Il attendit dans ce poste les troupes qui venaient de Winden (4).

(1) Idem. 54.
(2) Trausch. Chron. mss. III. f° 639.
(3) Laguille. III. 2e part. 291.
(4) Ramsay. II. 268.

Le 27 septembre toute l'armée des princes était en Alsace. A mesure qu'elle était arrivée sur cette terre toujours enviée, souvent disputée, elle s'était répandue à Strasbourg et dans les villages de son territoire. Cette armée qui s'était présentée en libératrice et prodiguant les assurances les plus orgueilleuses à la république de Strasbourg menacée par la France, paya mal le service que cette ville venait de rendre à l'empire en rompant la neutralité à son profit. On pensait accueillir un hôte discret et un sauveur passionné ; on ne reçut qu'un ami exigeant, un allié sans gêne qui, avant d'avoir rendu les services qu'il promettait, commença par piller la maison qu'il devait défendre. Une invasion n'eut pas plus foulé la république. Les réquisitions étaient incessantes, déréglées, l'envie de garder surexcitait le désir de prendre ; des désordres s'en suivirent ; d'âpres exactions furent commises. Bientôt les princes parlèrent en maîtres, et les actes succédèrent aux paroles. La basse grossièreté des procédés fut digne de l'avidité ruineuse des demandes. On recensa les quantités de blé, les tonneaux de vin ; on dressa l'état détaillé des vivres et des munitions de guerre, inventaire en forme qui décèle la rapacité d'un ennemi plutôt que la prévoyance honnête d'un auxiliaire. En effet, après l'inventaire on se

saisit de tout, et les intendants impériaux
en opérèrent la distribution avec une libé-
ralité qui honore peut-être leur zèle admi-
nistratif, mais qui est peu propre à rehaus-
ser la probité et la délicatesse politique du
saint empire romain. Enfin les impériaux
vécurent presque à discrétion sur les terres
de la ville (1). Ce qu'un tel mode d'appro-
visionnement eut d'inique et de violent se
déguisa pourtant aux yeux de la bourgeoisie
de Strasbourg sous la couleur de l'intérêt
national. Le cri des affections politiques
étouffa les murmures de l'intérêt privé.

Ce coûteux dévoûment à la cause de l'empire fut cependant bientôt fatigué ; Strasbourg voulait bien être sauvé du péril de
devenir français, mais non à la charge de
livrer son dernier sac de blé et de vider sa
dernière tonne de vin. La brèche considérable que les impériaux avaient faite dans
ses greniers et ses caves commençait à l'in-
quiéter sérieusement ; les provisions dimi-
nuaient et le pays allait être épuisé.

Dans les derniers jours de septembre, les
chefs de l'armée impériale songèrent à lui
procurer d'autres cantonnements. Il fut
résolu qu'elle s'étendrait dans l'Alsace. En

(1) Laguille. III. 2ᵉ part. 291.

prolongeant leur ligne jusqu'aux montagnes de Saverne, les impériaux devenaient maîtres de toute l'Alsace depuis Strasbourg jusqu'à Bâle. Le pays était fertile; toutes les récoltes étaient rentrées; une longue paix y avait fait reparaître l'aisance. Sous le rapport des intérêts militaires, la position était excellente. Elle ouvrait des passages nombreux sur la Lorraine, et touchait la Franche-Comté; quelques jours de marche seulement et l'ennemi pénétrait dans les plaines de la Champagne, invasion depuis longtemps méditée, rêve ardent de l'empire qui avait à venger tant d'invasions subies. Quarante ans seulement séparaient *l'année de Corbie* (1) des nouvelles espérances qu'avait conçues la coalition.

Pour couvrir leurs desseins, les généraux jetèrent dans la Robertsau un corps de cavalerie, dont les mouvements devaient faire croire à Turenne que l'armée allait passer l'Ill et marcher sur le camp des Français. Tandis que ce corps simulait dans la Robertsau les opérations d'une avant-garde, le

(1) La prise de Corbie par les Espagnols, en 1636, jeta une telle consternation dans Paris, qu'on désigna longtemps l'année 1636 sous le nom *d'année de Corbie*.

gros de l'armée défila sur Illkirch et Grafenstaden, qu'elle s'assura en y laissant des postes considérables, et s'étendit le long de l'Ergers jusqu'à Geispolsheim et Blæsheim, avec le projet de se prolonger jusque vers Molsheim. Les princes avaient près de 40,000 hommes, et ils attendaient l'électeur de Brandebourg qui devait les joindre vers la mi-octobre avec 20,000 hommes de troupes fraiches et bien organisées. Turenne avec 22,000 hommes allait avoir sur les bras des forces triples des siennes.

Jamais l'Alsace n'avait été plus gravement menacée; tous les esprits étaient frappés de l'idée que Turenne serait forcé de quitter la province et de se retirer en Lorraine pour couvrir la Champagne. La joie la plus bruyante régnait dans l'armée coalisée; les projets politiques de la ligue impériale y avaient été si nettement divulgués que les soldats ne parlaient que de reprendre la Lorraine et la Franche-Comté, de ravager la Champagne et d'aller effrayer jusque dans sa capitale le grand roi.

Turenne mesurait avec tristesse, mais sans découragement, les chances de ces dangereux desseins. Il ne pouvait sérieusement redouter d'être forcé dans sa position de la Wantzenau, mais le moment était proche où il allait être obligé de s'affaiblir par un

mouvement dont le résultat devait être de
couvrir Saverne et Haguenau, places ex-
trêmement faibles dont la conservation avait
la plus haute importance stratégique. Il
différa ce mouvement et conserva toutes ses
forces concentrées. Déjà sans doute son
génie méditait une de ces résolutions vi-
goureuses qui changent le cours naturel des
choses et donnent la loi à la fortune. Il a
vu qu'avec sa petite armée il doit succomber,
s'il attend que l'électeur ait fait sa jonction
avec Bournonville. La retraite est facile, mais
s'il quitte le sol de l'Alsace, la province est
perdue, l'audace passe chez l'ennemi et le
chemin est ouvert jusqu'au cœur du royaume.
Son plan est formé, son parti pris; il faut
battre les 35,000 hommes de Bournonville.
C'est ainsi que Henri IV s'était décidé à la
bataille de Coutras pour ne point laisser au
maréchal de Matignon le temps de rejoindre
le duc de Joyeuse. L'irrésolution fatigue les
grandes âmes; après cette décision hardie,
celle de Turenne recouvra sa sérénité et
sa gaîté confiante. Il donna trois jours de
repos à ses soldats.

Le 2 octobre, à l'entrée de la nuit, il
réunit et fait partir les dragons du roi, de
la reine et de Listenai; il leur recommande
une marche active, mais silencieuse ; ils ont
l'ordre d'établir des ponts sur la Suffel aux

environs de Lampertheim et sur les ruis-
seaux qu'ils trouveront au-delà de ce village
en se dirigeant sur Achenheim. Les troupes
filent discrètement ; elles se dérobent dans
la campagne à la faveur de la nuit naissante,
comme s'il ne s'agissait que d'une recon-
naissance. Alors seulement l'armée est in-
formée qu'elle va quitter ses positions ; les
tentes sont pliées en diligence, les bagages
faits ; un ordre admirable et le plus profond
secret président aux préparatifs du départ.
A minuit tout est prêt, l'ordre de la marche
est réglé, Turenne monte à cheval, donne
le signal du mouvement et le camp de la
Wantzenau est levé.

L'armée de Turenne passa la Suffel à
Lampertheim ; elle avançait sur trois co-
lonnes, la cavalerie à gauche, l'artillerie et
les bagages à droite, l'infanterie au centre (1).
L'on marcha sur Achenheim ; la route entre
ces deux points, ainsi que le village d'A-
chenheim, avait été entièrement négligée
par l'ennemi ; aucun éclaireur ne fut aper-
çu, et partout l'on trouva les traces utiles

(1), Cette disposition des troupes en marche était
déjà en usage du temps de Brantôme ; des écrivains
militaires modernes la trouvent vicieuse ; les progrès
de l'art de la guerre l'ont fait disparaître.

du passage des dragons. Il faisait un temps horrible ; le pays était enveloppé de brouillards épais ; une pluie froide et serrée, la pluie des Vosges, n'avait cessé de tomber depuis plusieurs jours ; les chemins étaient difficiles et défoncés ; on marchait sur un sol presque glaiseux ; mais l'armée éprouvée de Turenne supporta tout avec la constance et le calme sérieux qui étaient son trait distinctif. Le 3 octobre, à quatre heures de l'après-midi, Turenne était sur les hauteurs d'Achenheim (1).

Turenne dirigea le gros de l'armée sur Bruschwickersheim et Osthofen (2), et fit aussitôt avancer le marquis de Boufflers contre le village d'Achenheim. Des dragons furent postés dans l'église. Dans le même moment, un partisan nommé Grandclaude vint rapporter à Turenne qu'après avoir exploré un long défilé situé dans l'angle externe formé par la Mosig et la Bruche, il avait découvert un pont sur cette rivière et un gué un peu plus bas. Le comte de Lorges se porta sur ce passage avec les dragons, franchit la rivière et reconnut Holzheim. Au-delà de ce

(1) Ramsay. II. 270.

(2) Warhafft relation von dem blutigen Treffen bey Ensisheim. 1674. Strasbourg.

village se déployait une vaste pleine légèrè-
ment ondulée ; une petite garde ennemie
qui y fut aperçue indiquait que les ennemis
avaient pris position dans les environs d'Eutz-
heim. Des officiers furent dépêchés vers
Turenne pour lui en donner avis, et de Lorges
fit immédiatement occuper Holzheim par des
dragons et des grenadiers, donnant l'ordre à
1500 hommes du corps de Douglas de le venir
soutenir.

Turenne averti que de Lorges était en vue
de l'ennemi, se rendit en toute hâte à Holzheim avec une escorte de quelques cavaliers.
Il s'avança pour examiner le pays et reconnut le camp des impériaux derrière Entzheim. La plaine lui ayant paru propre à une
bataille, il visita les points principaux qui
devaient recevoir des forces et d'où il opé-
rerait ses mouvements. Ses combinaisons ar-
rêtées, il ordonna à toute l'armée de se porter
vers Holzheim (1). Le défilé dura jusques
fort avant dans la nuit. A mesure que les
troupes arrivaient, Turenne les rangeait en
bataille derrière la Bruche. Toutefois il fit
passer la rivière à un gros corps d'infanterie
qu'il chargea de garder Holzheim conjointe-

(1) Deschamps Mém. sur les deux dernières cam-
pagnes de Turenne. Maubeuge 1786. p. 77.

ment avec les troupes que le comte de Lorges
y avait déjà établies. L'armée française de-
meura en cet état toute la nuit. Turenne
lui-même ne descendit point de cheval.

L'approche de Turenne avait été signalée à
Bournonville dans la matinée du 3. Aussitôt
il passa l'Ill, rassembla ses troupes éparses
à Geispolsheim, Blæsheim et Grafenstaden
et les concentra vers Entzheim, où il établit
son quartier - général; Duppigheim et Dutlenheim furent occupés. L'ennemi ayant
appris que les Français avaient dessein de
passer la Bruche, ou tint conseil; Bournonville se chargea de garder le haut de la rivière, les troupes de Lunebourg devaient la
défendre vers Holzheim (1).

Le 4 octobre, au point du jour, l'armée
française traversa la Bruche, à l'insu des impériaux. Le petit bois situé dans l'angle que
forment la Bruche et le Brandwasser, derrière Holzheim, avait été muni d'artillerie et
des mousquetaires s'y étaient retranchés;
ce poste devait assurer la retraite des Français en cas de revers. L'armée se mit en bataille à la gauche de Holzheim, l'artillerie en

(1) Warhaffte relation von dem Treffen bey Eu-
sisheim

tête, et marcha à l'ennemi (1). Elle s'étendait sur deux lignes : la première formée à droite de dix-sept escadrons de la brigade de Piloi, des dragons du roi et de ceux de Listenai, à gauche de dix-sept escadrons de la brigade d'Humières et des dragons de la reine, dix bataillons étaient au centre ; la seconde ligne était composée à droite de quatorze escadrons de la brigade de Renty, à gauche de quatorze escadrons de la brigade de Lambert, huit bataillons (Réveillon et Pizieux) au centre. Des pelotons de grenadiers avaient été mêlés aux escadrons, disposition vicieuse (2), mais autorisée par le souvenir des avantages qu'elle avait procurés à Sintzheim. L'aîle droite était conduite par le lieutenant-général Vaubrun et le comte de Roie ; l'aîle gauche par le lieutenant-général comte de Lorges et le comte d'Auvergne ; le lieutenant-général Foucault, commandait le centre, ayant sous lui Douglas et le comte de Pierrefitte. Entre les deux lignes marchait Mont-

(1) Mémoires de S¹-Hilaire. Amsterdam 1766 I.165.

(2) Napoléon improuvait sévèrement cette disposition tactique. Mémoire de Ste-Hélène. V. 150. Les progrès de l'art militaire et surtout les nouvelles méthodes de guerre en ont en effet démontré les inconvénients.

Georges avec cinq escadrons destinés à soutenir l'infanterie de la première. Trente pièces de canon étaient aux ordres de Saint-Hilaire. Trois bataillons et quatre escadrons formaient toute la réserve. Lord Duras, le chevalier de Bouillon, les marquis d'Harcourt, de Ruvigny et de Saint-Point faisaient le service d'aides-de-camp auprès de Turenne qui n'avait pris aucun poste particulier, afin de pouvoir se porter librement partout où sa présence serait nécessaire (1). Avant d'engager l'action, Turenne parcourut la tête de sa première ligne et se fit voir aux troupes; ce jour-là il avait plus particulièrement cet air de mâle gaîté qui lui était ordinaire au moment d'une bataille.

Bournonville, qui avait eu un instant le dessein de pousser sur Mutzig, pour passer en Lorraine par le comté de Salm, revint promptement avec le prince de Bade, le duc de Bereuth, Caprara et Werthmuller, de Duppigheim, où ils avaient passé la nuit. Les ducs de Lorraine et d'Holstein avec le général Chauvelet et les Croates, qui avaient campé à Dutlenheim, se portèrent aussi en toute hâte vers Entzheim (2). Bournonville

(1) Ramsay. II. 272.
(2) Descriptio part. territ. argent. V° Entzheim.

rangea son armée en bataille derrière le village. Elle présentait la forme d'un croissant dont la pointe droite était appuyée aux bois situés le long de l'Ill, et la pointe gauche à un fossé bordé de haies et de rideaux si épais qu'on apercevait à peine les troupes ; le centre était couvert en avant par le village d'Entzheim, environné de haies et de fossés; un corps d'infanterie y était fortement retranché avec du canon. L'armée impériale était rangée sur deux lignes épaisses et fort étendues, la cavalerie aux ailes, l'infanterie au centre. Caprara prit le commandement de la droite, le duc d'Holstein celui de la gauche; Bournonville conduisait le corps de bataille; le duc de Lorraine, le prince de Bade et vingt-deux autres princes allemands commandaient leurs propres troupes sous l'autorité des généraux des ailes où leurs corps avaient été distribués. Bournonville s'était ménagé une réserve si considérable qu'on pouvait la regarder comme formant une troisième ligne dans son ordre de bataille.

Un petit bois long de mille pas, large de cinq cents, était en avant de l'aile gauche impériale. Bournonville apprécia l'importance de cette position et s'en empara; il y mit du canon et y fit retrancher de l'infanterie.

Ce bois (1) sera le nœud de la bataille.

Les impériaux et les Français étaient en présence, pour ainsi dire, sans se voir. Un épais brouillard, qui s'était élevé au point du jour, enveloppait les deux armées; l'on ne voyait pas à cinquante pas (2). Il bruinait fortement; le terrain était boueux, glissant, et en beaucoup d'endroits entièrement sous l'eau; c'était une de ces tristes journées d'automne, où chaque circonstance devient un contre-temps, un obstacle, et dont toutes les influences semblent se conjurer pour allanguir les courages. Les soldats de Turenne avaient veillé deux nuits, fait une longue marche par des chemins affreux, l'eau ruisselait de leurs vêtements et de leurs armes. Bournonville avait l'avantage de la position; une ville amie et dévouée était prête à le recevoir, en cas d'adversité. Turenne battu était presque perdu. Une invincible nécessité et aussi sans doute un de ces pressentiments que le génie a droit d'accueillir sans témérité, pouvaient seuls le déterminer

(1) Le bouquet d'arbres qu'on voit à droite de la route entre Lingolsheim et Entzheim est un vestige de ce bois.

(2) Deschamps. 76.

à combattre au milieu de tant de désavantages.

Bournonville avait eu raison de juger que de la possession du petit bois dépendrait le succès de la journée. Turenne pensa comme lui. A sept heures il en ordonna l'attaque. Les dragons du roi et ceux de Listenai mirent pied à terre, et le marquis de Boufflers les conduisit sur-le-champ vers le bois. Trois bataillons d'impériaux y étaient postés à couvert de quelques rideaux et de la terre qu'ils avaient remuée; deux pièces de canon défendaient les approches. Turenne ayant fait avancer quelques pièces de campagne on se canonna quelque temps. Enfin l'on en vint au feu de la mousqueterie. Bournonville envoyait sans cesse des troupes fraîches pour maintenir ce poste. Turenne s'en aperçoit; aussitôt il fait rassembler une partie des pelotons mêlés aux escadrons, forme une colonne de cinq cents grenadiers et l'envoie à Boufflers. Les grenadiers organisés en compagnies depuis deux ans seulement vont préluder à la renommée qu'ils laisseront pendant un siècle et demi sur les champs de bataille. Avec ce renfort Boufflers redouble son attaque; on monte sur les re tranchements; la longue et redoutable épée des dragons étincelle, les grenadiers ont la bayonnette au bout du fusil; on charge avec furie; les pièces sont prises, l'ennemi culbuté et poursuivi jusqu'à un second retranchement défendu par six canons. Pendant trois heures les Français en essuient le feu sans pouvoir avancer. Le moment était venu de frapper un coup vigoureux. Turenne fait avancer deux bataillons de la réserve et ceux de Languedoc, de Churchill et de Montmouth de la seconde ligne ; le combat recommence sanglant et opiniâtre, mais une averse violente vient ralentir l'ardeur des troupes. Ce moment de relâche ne fait qu'exciter l'exaltation furieuse des Français. Un dernier effort va être tenté. Ils se précipitent avec impétuosité contre les retranchements, le carnage devient affreux, la terre est jonchée de blessés et de morts; mais le retranchement est forcé, les canonniers de Wolfenbüttel sont tués sur leurs pièces, qui sont prises, l'infanterie allemande est poursuivie, chargée et chassée du bois. Il reste au pouvoir des Français (1) qui parviennent même à échelonner leur droite au dela (2). Le duc d'Holstein, qui commandait les troupes postées dans le bois, déploya la plus mâle intrépidité.

(1) Mémoires de St-Hilaire 1. 167. Ramsay. 11. 275.

(2) Rocquancourt. Cours d'art et d'histoire militaires. 1837. 1. 516.

« Si après la prise du petit bois que l'ennemi défendait de tous ses moyens, Turenne
« eut poussé son avantage, la bataille eût
« été décisive » dit Napoléon (1). Critique
peut-être trop sévère, si l'on réfléchit à l'infériorité des forces de Turenne, aux désavantages du temps, et au danger qu'il y
avait d'engager une action générale dans
une plaine où la cavalerie impériale eût pu
se déployer.

L'esprit de Bournonville s'opiniâtra fatalement dans l'idée que le poste du bois était
décisif. Il résolut d'y rentrer et de regagner
son canon. Sept bataillons de Lunebourg
reçurent l'ordre d'exécuter cette mission
périlleuse. Turenne leur opposa tous les bataillons de sa seconde ligne qui n'avaient
pas encore donné. Alors recommença pour
la troisième fois « un des plus sanglants
combats d'infanterie qu'on eût vus depuis
longtemps (2). » L'acharnement des deux
partis était terrible; l'irrégularité du champ
de bataille ne permettait plus que des com-
munications incertaines ou toutes fortuites;
aucun ordre n'arrivait plus; les officiers
agissaient tous de leur chef, ne prenant con-

(1) Mémoires de Ste-Hélène. V. 152.
(2) Ramsay. II. 275.

seil que des circonstances et de la nécessité. Les impériaux combattant à la tête de leur ligne, leur cavalerie les soutenait par un mouvement facile et régulier, tandis que les bataillons de Turenne, trop éloignés de la droite, ne pouvaient être soutenus. Un mouvement s'opéra sur la droite de Turenne; la cavalerie de la seconde ligne s'avança et prit la place de la première qui marcha à l'ennemi, en s'étendant le long du bois qu'elle laissa derrière elle. La prodigieuse activité de Turenne se multipliait sur tous les points; il visitait sans relâche tous les postes, renforçant ceux qui étaient affaiblis, distribuant les forces inactives sur les points les plus menacés, excitant les courages à une défense héroïque. Une dernière charge est ordonnée; c'est lui qui la conduit, s'exposant comme le dernier soldat. Plusieurs de ses officiers sont tués à ses côtés, son cheval est blessé et s'abat; il s'élance sur celui du comte d'Harcourt; tout fond sur l'ennemi qui forme comme un mur inébranlable. Mais l'exemple de Turenne fait faire de si audacieux efforts à ses troupes que les impériaux plient et leurs rangs sont enfoncés. Leur opiniâtreté les ramène une quatrième fois à l'attaque. Alors Turenne fait pointer contre eux leur propre canon; repoussés à la bayonnette, écrasés par le feu de l'artillerie, ils fuient et vont chercher un asile derrière les retranchements d'Entzheim. Presque toute l'infanterie ennemie qui avait été employée dans l'affaire du bois, fut détruite (1). Il n'avait cessé de pleuvoir pendant ces combats, circonstance que l'historiographe de Strasbourg a revêtue d'une poignante énergie, lorsqu'il dit : « Le ciel même déroba sa lumière à » cette sanglante action et sembla, par une » pluie continuelle, pleurer la fureur avec » laquelle les chrétiens répandaient le sang, » comme si ce n'eut été que de l'eau (2). »

Pendant ces combats meurtriers livrés pour la possession du petit bois, le reste des deux armées ne fit que s'observer ; le canon grondait de part et d'autre, mais son action était à peu près nulle. Toute la première ligne de Turenne était restée complète en front de bandière, mais à la seconde ligne il n'y

(1) Ramsay 11. 277.

(2) Malgré le mauvais goût de cette figure, nous avons cru devoir la citer ; elle est de celles qui peignent les grandes impressions publiques. En voici le texte allemand : » *Der Himmel selber entzog diser* « *blutigen Action seinen Schein, und beweinte mit* « *Stælen und continuirlichem Regen dass die Christen* « *so viel Blut wie Wasser vergossen.* » Warhaffte Relation, etc.

avait plus que les quatorze escadrons de
Lambert. Bournonville remarqua cette disposition des troupes de l'armée royale. Il
laissa le duc d'Holstein agir dans le bois et
envoya Caprara, à la tête des cuirassiers de
l'empereur, se glisser par une marche couverte derrière les deux lignes de la gauche
des Français, afin de prendre leur infanterie
en queue. Lui-même s'avança avec 2500
chevaux d'élite pour attaquer la première
ligne de front. Le lieutenant-général Foucau.d
voyant Bournonville venir d'un côté et Caprara de l'autre, fit promptemeut les évolu-
tions nécessaires pour faire face des deux
côtés, et attendit de pied ferme en ordonnant
de ne point tirer. Cette résolution décon-
certa Bournonville et lui fit appréhender un
péril inconnu ; il se replia vers le gros de
l'armée (1). Caprara plus audacieux se pré-
cipita sur la gauche des Français. Ses for-
midables cuirassiers rompent les escadrons
de la première ligne, traversent la seconde
et vont donner dans la réserve de Mont-
Georges qui fut fort maltraitée (2). L'infanterie est tournée. Mais de Lorges et d'Auvergne rallient la cavalerie française et la

(1) Ramsay. II. 278.
(2) Laguille. III. 2ᵉ part. 291.

lancent sur les escadrons presque victo-
rieux de Caprara, qui furent mis en pleine
déroute et repoussés jusqu'au-delà. d'Entzheim. Le duc de Lorraine qui arrivait pour
rétablir le combat et soutenir Caprara fut
également battu, malgré les mouvements
de Bournonville pour arrêter la cavalerie
française, mouvements que le chevalier
d'Hocquincourt, accouru avec les dragons
de la reine, eut l'honneur de rendre absolument inutiles (1). Si l'impétuosité natu-
relle de Caprara lui eût permis d'attendre
le duc de Lorraine pour charger la cavalerie
française, et si Dunewald eût pu franchir
plus promptement les retranchements d'Entzheim (2), Turenne eût couru des risques
sérieux (3). La cavalerie française, où il n'y
avait pas une seule cuirasse, eût difficilement
soutenu le choc des lourds cavaliers impériaux, qui avaient conservé l'usage de la
cuirasse, de la bourguignote et des gantelets
montant jusqu'au coude; mais Bournonville,
Caprara et le duc de Lorraine chargeant
isolément devaient échouer contre la valeur,
l'activité et la tactique d'ensemble de la

(1) Idem. 295.
(2) Descriptio part. territ. argent. D. Entzheim.
(3) Mémoires de St-Hilaire. 1. 168.

cavalerie de Turenne, malgré l'infériorité numérique de celle-ci et les désavantages de son armement.

Les Français étaient entièrement maîtres de la plaine. Le restant de la soirée se passa à se canonner, mais avec une langueur qu'expliquent assez les fatigues de cette rude journée. Bientôt les troupes cessèrent de tirer, quoique encore à portée du mousquet (1). Enfin la nuit survint pluvieuse et obscure et les ténèbres mirent fin au combat.

Epuisée de fatigue, abimée par le mauvais temps, postée dans un terrain foulé par les manœuvres d'une bataille, l'armée de Turenne ne pouvait coucher dans la plaine d'Entzheim. Les troupes étaient affamées. Turenne repassa la Bruche à Holzheim et revint camper à Achenheim, où étaient ses bagages et ses vivres, laissant le brigadier Buloude sur le champ de bataille avec six régiments de cavalerie et un de dragons (2).

(1) Descript. part. territ. argent. V Entzheim.

(2) Ramsay. II. 279. Napoléon a blâmé Turenne de s'être retiré du champ de bataille d'Entzheim. « Il pouvait, dit-il, coucher sur le champ de bataille ; » il est allé le même jour à une lieue et demie en » arrière ; il a poussé dans cette circonstance la cir- » conspection jusqu'à la timidité ; il savait mieux que

Longtemps avant la fin du combat, Bournonville, qui semblait en prévoir l'issue,
avait dirigé ses bagages vers Strasbourg.
Pendant la nuit il leva son camp avec
précipitation, abandonnant deux canons, des
munitions et beaucoup de blessés, et se retira dans une extrême confusion sous le
canon de Strasbourg et à couvert de l'Ill.

Les impériaux perdirent 3000 hommes tués,
vingt drapeaux, dix canons et des timballes;
les Français 2000 hommes; les comtes
d'Auvergne et d'Hamilton et les marquis
de Pizieux et de Réveillon furent griève-
ment blessés, ainsi qu'un grand nombre
d'officiers.

L'échec de l'armée impériale jeta l'épou-
vante dans Strasbourg; elle redouta la colère
du roi de France; sa hautaine confiance
venait d'être noyée dans le sang allemand
répandu dans les champs d'Entzheim. Elle
essaya de panser sa blessure avec une victoire chimérique, et les historiographes de
la république reçurent l'ordre de battre les
Français dans leurs bulletins passionnés.

« qui que ce soit l'influence de l'opinion à la guerre. »
Mémoires de Ste-Hélène. V. 152. Cette critique
révèle bien la diversité des génies de ces deux grands
capitaines.

Selon la relation strasbourgeoise, publiée après la bataille, l'affaire d'Entzheim coûta aux Français 4000 tués, dont 800 officiers, 2000 blessés, onze étendards, plusieurs drapeaux et des timballes, tandis que l'armée impériale n'eut que 392 tués, 683 bles és et ne perdit que quatre drapeaux (1). *Victrix causa Diis placuit sed victa Catoni.*

Charles GÉRARD.

(1) Warhaffte relation, etc.

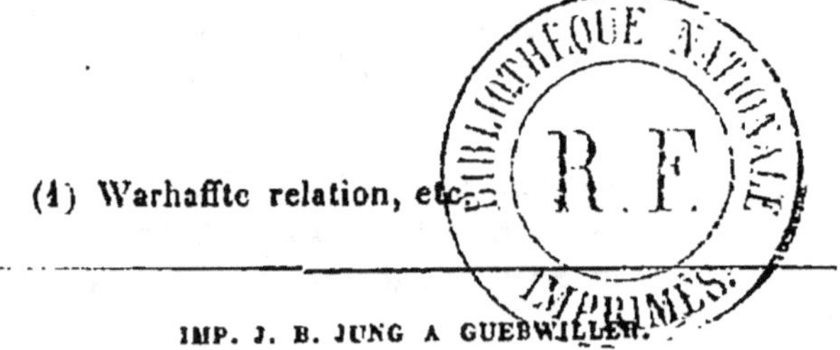

IMP. J. B. JUNG A GUEBWILLER.